가장 보배로운 삶을
목표로 한
영적 성장

네비게이토 선교회는
국제적이며 복음적인 기독교 기관이다.
예수 그리스도께서는 자기를 따르는 자들에게
"너희는 가서 모든 족속으로 제자를 삼으라"
(마태복음 28:19)는 지상사명을 주셨다.
네비게이토 선교회는 세계 모든 국가에서
예수 그리스도의 일꾼들을 배가시켜
이 지상사명의 성취를 돕는 것을
근본 목표로 하고 있다.

네비게이토 출판사는
네비게이토 선교회의 문서 선교를 담당하고 있다.
본 출판사에서는 그리스도인의 영적 성장을 돕는
서적과 자료들을 출판하여,
그리스도인의 삶의 기초가 견고한
헌신된 제자로 성장하게 하고,
나아가 성숙한 인격과 지도력을 갖춘
일꾼이 되도록 돕고 있다.

저자: **하 진 승**
　　　　한국 네비게이토 선교회 원로 회장

가장 보배로운 삶을
목표로 한
영적 성장

하 진 승

네비게이토 출판사
TO KNOW CHRIST AND TO MAKE HIM KNOWN

차 례

글을 시작하며

확신과 헌신, 이 두 가지는 결단코 떨어져 있어서는 안 되고 우리 그리스도인의 삶에 항상 붙어 있어야 된다고 믿습니다. 만약 열심이 있는 헌신은 있을지라도 확신이 없으면 그것은 맹신이 됩니다. 그리고 또 확신과 헌신 없는 그리스도인의 삶을 살다가 하나님 앞에 가면 망신이 됩니다.

그래서 우리 모두 이러한 맹신이나 망신의 삶이 아니고 복이 넘치고 상급이 넘치는 제자의 삶을 살기 위해서 확신이 분명해지고 매일매일의 삶이 이 확신을 기초로 하여 그리스도께 헌신하는 삶이 되기를 바랍니다. 그래서 도움이 될까 하여 준비한 말씀이 '가장 보배로운 삶을 목표로 한 영적 성장'인데 이에 대해서 말씀을 드리고자 합니다.

'과연 나는 지금 영적으로 성장하고 있는가?' 스스로 한번 자문해 보시기를 바랍니다. 나는 일시적으로 놀랍게 성장하다가 지금은 성장이 멈춘 사람인가, 아니면 지금도 나이가 몇이든 관계없이 여전히 성장하고 있는가?

육신의 성장은 일시적입니다. 육체적인 성장은 한계가 있고 어느 나이가 되면 더 이상 자라지 않고 멈추게 됩니다. 그러나 영적 성장은 우리가 이 세상에 살아 있는 동안, 이 세상을 떠나는 순간까지 계속 성장할 수 있습니다.

어떤 부인이 있었는데 경건한 주님의 제자입니다. 그런데 이제 병으로 세상을 떠나게 되었는데 남편이 너무나도 극진하게 그 아내의 병 수발을 들고 있었습니다. 그러니까 하루는 아내가 거의 죽기 직전의 작은 목소리로 남편을 부르면서 하는 말이, "여보, 당신에게 매우 감사하긴 한데, 당신의 너무 지나친 도움이 나의 성장에 도움이 안 될 것 같아서 그러는데 이제부터는 너무 안타까워하시지 말고 내가 숨을 마지막 멈출 때까지 더 성장할 수 있도록 기도를 더 열심히 해 주세요!" 이렇게 말했다는 이야기를 들었고, 이것은 네비게이토 스탭 중에 한 분의 이야기였습니다.

에베소서 4:13 말씀에서, "우리가 다 하나님의 아들을 믿는 것과 아는 일에 하나가 되어 '온전한 사람을 이루어' 그리스도의 '장성한 분량이 충만한' 데까지 이르리니"라고 하셨는데, 여기서 온전한 사람을 이룬다고 하는 그 목표가 우리의 성장의 목표입니다. "그리스도의 장성한 분량이 충만한 데까지 이르리니"라고 말씀하셨는데, 이 말씀이 우리에게 어떠한 소망을 가져다주느냐 하면, '영적 성장은 나에게도 가능하구나! 이것은 그저 막연한 우리의 기대가 아니라 실제로 가능한 일이구나!' 하는 확신을 줍니다.

그래서 에베소서 4:13 말씀을 통해서 영적 성장에 대한 확신을 내가 갖게 된다면 이 확신으로 말미암아 그다음에 자연적으로 성장을 위한 헌신이 따라오게 됩니다.

1

버릴 것을 버리자

성장을 위해서 첫 번째로 실천해야 할 일은 먼저 버릴 것을 버리는 것이라고 생각합니다. 우리는 이 세상에 살면서 가능한 대로 많은 것을 소유하고 싶어 하지만 버리기는 싫어합니다. 그러나 때때로 그것이 다른 것이 아니고 영적 성장에 방해되는 일이면 버려야 됩니다.

육체적인 성장에 있어서도 필요 없는 일, 방해가 되는 일이 무엇인지 알면 자기가 좀 더 다른 사람보다 잘 성장하기 위해서 그것을 버리는 것과 같이 영적인 성장에 있어서도 마찬가지입니다.

고린도전서 13:11에서, "내가 어렸을 때에는 말하는 것이 어린아이와 같고 깨닫는 것이 어린아이와 같고 생각하는 것이 어린아이와 같다가 장성한 사람이 되어서는 어린아이의 일을 버렸노라"라고 말씀합니다. 어렸을 때 우리는 말하는 것, 깨닫는 것, 또 생각하는 모든 것이 어린아이와 같이 지냅니다. 그러다가 성장한 후에는 아이 때 하던 것을 버립니다.

영적인 삶도 마찬가지입니다. 영적으로 장성한 사람이 되어서는 어린 사람으로서 하던 일을 이제 버릴 줄 알아야 합니다. 성경에는 버릴 것에 대해서 엄청나게 많이 말씀하고 있지만, 에베소서 4장에 나오는 말씀 중에서 버릴 것들을 찾아보고자 합니다.

에베소서 4:17에 "…이방인이 그 마음의 허망한 것으로 행함 같이 너희는 행하지 말라"라는 말씀이 있습니다. 하나님을 모르는 세상 사람들은 마음에 스스로 가치 있다고 생각하는 것들을 많이 행하고 있지만 사실은 허망하다고 말씀하십니다. 그 결과 그들의 노래도 허망하고 그들의 문학도 허망하고 그들의 철학도 허망하고 그들의 예술도 허망한 것이 많아 결국 그것을 따라 살다 보면 그들의 삶도 허망하게 되는 경우가 많습니다.

이처럼 허망하게 되는 삶을 예수님을 믿는 우리는 행하지 말아야 합니다. 그들의 우상, 그들의 처세술, 그들의 가치관, 그들의 목적, 그들의 자랑거리 등… 이런 세속적인 모든 허망한 것으로부터 우리는 떠나야 되고 그것을 버려야 됩니다. 버리는 일을 먼저 철저하게 하지 않는다면 영적 성장에 큰 방해와 장해를 항상 경험하게 될 것입니다.

우리 생각을 지금까지 지배해 오던 허망한 것들, 그것이 세상 사람들이 보기에는 지극히 더 매력적이고 고상하고 가치 있는 것같이 보일지라도 그 결과가 허망한 것이라면, 그것이 믿음과 관계없는 것으로 오히려 방해가 되는 일이라면 단호하게 버릴 줄 알아야 됩니다.

에베소서 4:18에서 "저희 총명이 어두워지고 저희 가운데 있는 무지함과 저희 마음이 굳어짐으로 말미암아 하나님의 생명에서 떠나 있도다"라고 하셨습니다. 그렇기 때문에 아무리 세속적인 이해력이나 인간적인 이해력으로 볼 때는 매우 고상하고 뛰어나고 매력적이고 아름답게 보인다 할지라도 결국은 그 총명이 하나님과 관계없는, 어두워진 총명이라고 하는 것을 우리가 생각해야 합니다.

세상적인 지혜로는 이것보다 더 총명한 것이 없는 것같이 보일지라도 우리가 스스로 하나님의 영적인 분별력으로 볼 때 그것이 총명한 것이 아니고 어두워졌다고 생각한다면 그것을 버려야 하는 것입니다. 그렇지 않고 계속 그러한 세상적인 것에 빠져 있으면 마음이 굳어진다고 하셨습니다.

우리가 무슨 특이한 일이나 어떤 운동 같은 것을 많이 하면 손바닥 등에 굳은살이 생깁니다. 감각이 없습니다. 거기에 바늘을 꾹 집어넣고 실을 넣고 꿰매도 아무 감각도 없고 피도 나지 않고 느낌이 없습니다. 이미 감각을 잃은 굳은살이 되었기 때문입니다.

영적으로도 우리 마음 한 부분에 이 굳은살 같은 것이 붙어 있으면 영적 감각이 둔해집니다. 그래서 하나님의 생명력 있는 영적 공급을 받지 못하는 그런 상태로 지속되기 때문에 영적으로 성장하기 위해서는 이와 같이 잘못된 세상적인 허망한 것, 그리고 어두워진 총명으로부터 떠나야 된다는 것입니다.

또 에베소서 4:19에서 "저희가 감각 없는 자 되어 자신을 방탕에 방임하여 모든 더러운 것을 욕심으로 행하되"라고 하셨는데, 이 말씀에서는 감각이 없다고 하셨습니다. 자기가 지금 방탕한 삶을 살고 있는데도 그 방탕을 방탕으로 생각하지 않기 때문에 오히려 자랑하기도 합니다. 자기가 지은 죄를 다른 사람들에게 과시한다는 것입니다.

방탕한 생각은 판단력을 흐리게 만듭니다. 방탕한 철학은 죄를 정당화합니다. 방탕한 문학은 죄를 미화합니다. 이와 같이 감각 없는 자가 되지 말고 분별력 있게 영적으로 깨닫고 변화가 있어야 합니다.

에베소서 4:22 말씀입니다. "너희는 유혹의 욕심을 따라 썩어져 가는 구습을 좇는 옛사람을 '벗어 버리고'…." 여기서도 버리라고 말씀하셨습니다. 무엇을 버리느냐? 유혹의 욕심을 따라 썩어져 가는, 옛날 믿기 이전의 세상적인 육신적 구습을 벗어 버려야 된다는 것입니다. 옛사람 곧 육신적인 것이 어떻게 보면 굉장히 가치 있는 것 같고 고상하게 보일지 몰라도 그것은 썩어져 가는 구습이라고 하셨습니다. 썩어져 가기 때문에 거기에는 악취가 납니다.

그 타락의 냄새를 우리가 그때그때 잠시 무엇으로 반복해서 덮어 버린다고 해서 되는 것이 아니라 거기서부터 완전히 떠나 벗어 버리는 결단이 필요합니다. 먼저 벗어 버리는 일을 하지 않고 그 위에 새로운 것을 아무리 입어 봐야 속의 냄새가 밖으로 계속 나오게 되는 것입니다.

　그렇기 때문에 그리스도인으로 성장하기 위해서는 구습 즉,
잘못된 생각, 영적이지 못한 생각과 행동이나 사고방식과 습관
을 벗어 버려야 합니다. 바뀌어야 합니다.

2

심령으로 새롭게 되자

둘째로 성장하기 위해서는, 구습을 좇는 옛사람을 '벗어 버린' 것으로 끝나지 말고, 에베소서 4:23 말씀과 같이 "오직 심령으로 새롭게" 되어야 합니다. 심령으로 새롭게 된다고 하는 것은 속사람의 변화와 성장을 뜻하는 것입니다.

그러기 위해서 먼저 필요한 것이 확실한 구원의 확신입니다. 과연 여러분은 예수님을 영접했다는 확신이 있습니까? 속사람이 그리스도로 말미암아 변화되었습니까? 거듭났습니까? 만약이 순간 여러분이 세상을 떠난다면 하늘나라에 갈 수 있다는 확신이 있습니까? 스스로 자문해 보시기 바랍니다.

구원은 믿는 순간에 이루어집니다. 믿는 순간 나는 하나님의 자녀로 태어나게 되고 새로워지고 거듭나게 되고 새사람이 되는 것입니다. 그러나 한 가지 우리가 알고 있어야 하는 것은 우리가 거듭나고 새로운 사람이 된 것은 사실이지만 우리 속에 여전히 남아 있는 옛 성품이 있다는 것입니다.

로마서 7:21-23을 보면, "그러므로 내가 한 법을 깨달았노니 곧 선을 행하기 원하는 나에게 악이 함께 있는 것이로다. 내 속사람으로는 하나님의 법을 즐거워하되, 내 지체 속에서 한 다른 법이 내 마음의 법과 싸워 내 지체 속에 있는 죄의 법 아래로 나를 사로잡아 오는 것을 보는도다"라고 말씀하고 있습니다.

내가 예수님을 영접했지만 그 순간부터 완전한 영적인 사람이 되는 것이 아니라 내 속에 악을 좋아하는 다른 한 법, 즉 옛 성품이 남아 있기 때문에 새로운 영적 성품과 계속 전쟁을 하게 됩니다. 그래서 여기에서 승리하며 이기는 것이 바로 성화되어 나가는 과정입니다.

그렇기 때문에 에베소서 4:23 말씀처럼 오직 심령으로 새롭게 될 뿐만 아니라, 로마서 12:2 말씀과 같이 오직 마음을 새롭게 함으로 변화를 받아 순간순간 옛 성품과 싸워서 이겨 나가는, 성화되어 가는 훈련이 필요한 것입니다.

혹시 'White Dog & Black Dog' 예화를 아십니까? 여러분이 잘 모르시면 노트에 하트를 한번 적당한 크기로 그려 보시기 바랍니다. 그리고 점선으로 반을 나누든지 3분의 1로 나누든지 여러분 마음 상태대로 나누기 바랍니다.

Black Dog은 옛 성품이고, White Dog은 예수님을 영접함으로 거듭난 새 성품입니다. 새 성품이 더 크면 그쪽 부분을 더 크게 하시고, Black Dog이 더 크면 White Dog을 조그맣게 그려서 여러분 현 상태의 마음을 한번 솔직하게 그려 보시기 바랍니다.

영적인 성장이라고 하는 것은 White Dog이 커져 가는 것입니다. Black Dog은 자꾸 굶주리게 만들어서 조그맣게 축소시키고 White Dog은 점점 잘 먹이고 키워서 내 마음의 자리를 가득 채울 수 있도록 하는 것이 바로 영적 성장입니다. 그게 바로 로마서 12:2, 로마서 7:21-23의 내용입니다.

White Dog이 좋아하는 음식은 바로 새로운 성품이 좋아하는 음식인 하나님의 말씀, 기도, 교제, 증거 등 이와 같은 수레바퀴의 삶을 잘 살아가는 것입니다.

그러나 Black Dog이 좋아하는 음식은 죄의 음식들입니다. 옛 성품이 좋아하는 정욕대로 살아가는 그와 같은 음식입니다.

그래서 어떤 음식을 내가 더 즐겨 먹느냐에 따라서 내 마음을 주관하는 White Dog과 Black Dog의 세력에 차이가 있게 되는 것입니다.

우리는 예수님을 영접한 후에 세 가지 변화를 기억해야 합니다.

1) 의화(Justification)

첫째, 의화 즉 의롭게 되는 것입니다.

> 그러므로 사람이 의롭다 하심을 얻는 것은 율법의 행위에 있지 않고 믿음으로 되는 줄 우리가 인정하노라. (로마서 3:28)

이 말씀과 같이 의롭게 되는 것은 믿음으로만 되는 일입니다. 행위나 명상이나 내 노력으로 되는 것이 아니고, 종교적인 활동이나 인간적인 열심으로 되는 것이 아닙니다. 오직 그리스도께서 십자가를 통해 내 모든 죗값을 치러 주신 은혜를 믿음으로 말미암아 내가 의롭다 함을 얻게 되는 것입니다.

갈라디아서 2:16에서는 "사람이 의롭게 되는 것은 율법의 행위에서 난 것이 아니요 오직 예수 그리스도를 믿음으로 말미암는 줄 아는 고로 우리도 그리스도 예수를 믿나니, 이는 우리가 율법의 행위에서 아니고 그리스도를 믿음으로서 의롭다 함을 얻으려 함이라. 율법의 행위로서는 의롭다 함을 얻을 육체가 없느니라"라고 말씀하셨습니다.

그리고 로마서 1:17에서는 "복음에는 하나님의 의가 나타나서 믿음으로 믿음에 이르게 하나니 기록된 바 오직 의인은 믿음으로 말미암아 살리라 함과 같으니라"라고 말씀하고 있습니다.

또 에베소서 2:8-9에서도 "너희가 그 은혜를 인하여 믿음으로 말미암아 구원을 얻었나니 이것이 너희에게서 난 것이 아니요 하나님의 선물이라. 행위에서 난 것이 아니니 이는 누구든지 자랑치 못하게 함이니라"라고 말씀하셨습니다.

2) 성화(Sanctification)

둘째, 성화입니다. 우리가 믿음으로 의롭다 함을 얻은 후에, White Dog & Black Dog 예화에서 말씀드린 것처럼 White

Dog이 성장해 나가고 Black Dog은 축소시켜 나가는, 이와 같은 성화의 과정이 필요합니다. 하나님의 거룩하신 성품을 닮아 가는 과정에서의 영적 훈련으로 성화가 이루어지는 것입니다.

그러므로 주께서 말씀하시기를 너희는 저희 중에서 나와서 따로 있고 부정한 것을 만지지 말라. (고린도후서 6:17)

너희 육신이 연약하므로 내가 사람의 예대로 말하노니 전에 너희가 너희 지체를 부정과 불법에 드려 불법에 이른 것같이 '이제는 너희 지체를 의에게 종으로 드려 거룩함에 이르라'. (로마서 6:19)

또한 너희 지체를 불의의 병기로 죄에게 드리지 말고 오직 너희 자신을 죽은 자 가운데서 다시 산 자같이 하나님께 드리며 너희 지체를 의의 병기로 하나님께 드리라. (로마서 6:13)

이 성화의 과정은 영적 훈련으로 되는 것입니다. 그래서 의롭게 되는 것은 단순히 예수님의 십자가를 통한 죄의 대속하심을 믿음으로 되는 것이지만 성화는 믿음과 영적 훈련으로 되는 것입니다. 이 성화를 다른 말로 하면 영적으로 성장한다는 말입니다.

베드로후서 1:3-8의 말씀과 같이 영적으로 성장해 나가야 하겠습니다.

> 그의 신기한 능력으로 생명과 경건에 속한 모든 것을 우리에게 주셨으니 이는 자기의 영광과 덕으로써 우리를 부르신 자를 앎으로 말미암음이라. 이로써 그 보배롭고 지극히 큰 약속을 우리에게 주사 이 약속으로 말미암아 너희로 정욕을 인하여 세상에서 썩어질 것을 피하여 신의 성품에 참예하는 자가 되게 하려 하셨으니, 이러므로 너희가 더욱 힘써 너희 믿음에 덕을, 덕에 지식을, 지식에 절제를, 절제에 인내를, 인내에 경건을, 경건에 형제 우애를, 형제 우애에 사랑을 공급하라. 이런 것이 너희에게 있어 흡족한즉 너희로 우리 주 예수 그리스도를 알기에 게으르지 않고 열매 없는 자가 되지 않게 하려니와.

에베소서 5:3-4 말씀입니다.

> 음행과 온갖 더러운 것과 탐욕은 너희 중에서 그 이름이라도 부르지 말라. 이는 성도의 마땅한 바니라. 누추함과 어리석은 말이나 희롱의 말이 마땅치 아니하니 돌이켜 감사하는 말을 하라.

'온갖 더러운 것'을 Black Dog이 아주 좋아합니다. 그런데 더러운 것은 말하지 않는 것 정도가 아니라 그 이름도 부르지 말라고 하셨습니다. 4절은 우리의 말에서도 거룩을 실천하자는 말씀입니다.

이 세상이 얼마나 더럽습니까? 조그만 어린아이들도 더러운 말을 계속 내뱉는 이러한 세상에서 우리는 살고 있습니다. 아름답게 보이는 사람의 입속에서 욕이 튀어나오는 것을 보고 얼마나 놀라게 되는지 모릅니다. 그렇지만 이러한 모든 것에서 감사의 말로 바꿔 놓는 실천이 우리의 영적 성장의 실천 제목이 되어야 합니다.

요즘은 교회 안에서 어떻게 해서든지 사람을 잃지 않으려고 여러 가지로 애를 쓰는데, 그러다 보니 누가 말할 수 없는 더러운 죄를 범해도 그냥 쉬쉬하면서 봐주고 넘어가는 경우가 있습니다. 진리의 말씀의 수준으로 그들을 이끌려고 해야 하는데 올바른 징계가 없어지게 된 것입니다.

예전에는 그리스도인들이 몇 명이 모이지 않아도 죄를 지으면 거기에 대해서 징계를 했습니다. 징계는 마치 사랑이 없는 것같이 생각하는 사람들이 있지만, 오히려 그것은 거룩을 사수

하는 사랑입니다. 회개의 기회를 진정으로 줄 수 있는 사랑이라는 것입니다.

그런데 문제는 지체 전체가 썩어 가는 것도 모르고 그것을 잘라 내지 않고 가만히 두는 것이 사랑인 줄 알고 놔뒀다가 나중에는 공룡같이 거대한 몸을 가지고 있지만 힘을 잃고 죽어가는 교회가 되어 버리고 마는 것입니다.

그래서 우리가 이와 같은 모든 죄를 자기 스스로, 자기 자신에 대해서 단호하게 자르는 용기가 필요할 뿐만 아니라 주변에 있는 다른 사람들도 진리 가운데 실천할 수 있도록 도와주어야 된다는 것입니다.

요한일서 3:3에서 "주를 향하여 이 소망을 가진 자마다 그의 깨끗하심과 같이 자기를 깨끗하게 하느니라"라고 말씀하고 있습니다. 우리가 예수님을 믿는다면 그분이 자기를 깨끗하게 하신 것처럼 우리 스스로를 깨끗이 해야 하는 것입니다.

디모데후서 2:21-22에서는 "그러므로 누구든지 이런 것에서 자기를 깨끗하게 하면 귀히 쓰는 그릇이 되어 거룩하고 주인의 쓰심에 합당하며 모든 선한 일에 예비함이 되리라. 또한 네가 청년의 정욕을 피하고 주를 깨끗한 마음으로 부르는 자들과 함께 의와 믿음과 사랑과 화평을 좇으라"라고 말씀하십니다. 우리가 청년의 정욕을 버리고 자기를 깨끗하게 하면 하나님 앞에서 귀하게 쓰임을 받는 그릇이 될 수 있다고 했습니다.

하나님이 쓰시는 그릇은 명문 대학교를 나와야 하는 게 아닙니다. 재능이 많아야 하나님이 쓰시는 것도 아닙니다. 남들을 감동시킬 수 있는 말재주가 뛰어나야 하나님이 쓰시는 것도 아닙니다. 깨끗한 그릇이 되어야 하나님이 귀히 쓰시는 것입니다.

여러 면에서 미숙해도, 말도 잘 못하고, 다른 사람 앞에 자기표현도 잘 못하고, 능력도 없어 보이고, 재주도 없고, 노래도 할 줄 모르고, 운동도 할 줄 모르고… 이런 상태라 할지라도, 만약 우리가 자기를 깨끗한 그릇으로 거룩하게 유지한다면 하나님의 쓰심에 합당한 자가 된다고 말씀하고 있습니다.

베드로전서 1:15-16에서는 "오직 너희를 부르신 거룩한 자처럼 너희도 모든 행실에 거룩한 자가 되라. 기록하였으되 내가 거룩하니 너희도 거룩할지어다 하셨느니라"라고 말씀하고 있습니다. 우리 자신을 깨끗하고 거룩하게 유지하는 것이 하나님의 뜻입니다. 하나님께서 거룩하시기 때문에, 우리 주 예수 그리스도께서 거룩하시기 때문에, 주님을 믿는다면 나도 주님을 닮아야 되는데, 주님을 닮기 위해서 배워야 할 많은 것 중에 하나가 주님처럼 나도 거룩해야 되는 것입니다.

거룩이라고 하는 것은 세상과 구별할 수 있는 삶을 의미합니다. 그 색깔과 그 빛에서, 그 맛에서 세상과 구별되어야 한다는 것입니다. 세상 사람과 아무 차이가 없으면 그게 무슨 거룩의 표현이 될 수 있겠느냐 하는 것입니다.

베드로전서 3:15에서 "너희 마음에 그리스도를 '주로 삼아' 거룩하게 하고 너희 속에 있는 소망에 관한 이유를 묻는 자에게는 대답할 것을 항상 예비하되 온유와 두려움으로 하고"라고 말씀하셨는데, 우리가 거룩하게 되려면, 그리스도를 구세주로만 아니라 주님으로 모셔야 한다는 것입니다. 주님으로 인정하고 살면 철저하게 순종하고 충성하게 되기 때문에 거룩의 수준도 순종하는 마음으로 유지할 수 있게 되는 것입니다.

그래서 자기를 깨끗하게 하고, 거룩하게 하고, 버릴 것을 버리고, 그리스도를 닮는 일에 훈련되어 나가고, 성화되어 나가는 우리가 될 수 있기 때문에, 우리 마음에 예수님을 '주님'으로 모시고 있어야 하겠습니다. 예수님의 Lordship을 항상 인정하고 순종하며 살아가시기 바랍니다.

3) 영화(Glorification)

세 번째는 영화입니다. 로마서 8:30에서 "또 미리 정하신 그들을 또한 '부르시고', 부르신 그들을 또한 '의롭다' 하시고, 의롭다 하신 그들을 또한 '영화롭게' 하셨느니라"라고 말씀하신 바와 같이, 우리를 부르셔서 죄에서 구원해 주심으로 의롭게 해 주시고, 또 주님을 닮아 감으로 성화될 뿐만 아니라, 우리를 영화롭게까지 해 주시는 것입니다.

예수님과 같이, 죽을 몸이 이제 죽지 않을 몸이 되고 죄의 유혹이 나를 습격하지 못하고 하늘나라에서 완전한 사람으로 변화되는 이러한 상태는 언제 이루어지느냐 하면, 바로 예수님의 재림 때입니다. 예수님의 재림 때 순식간에 Black Dog은 완전히 죽어 버리게 됩니다.

그런데 한 가지 감사한 것은 이 세 가지가 다 그 기초는 믿음이라는 사실입니다. 그래서 우리는 믿음으로 의롭게 되고 믿음으로 성화되기 위해서, 즉 깨끗하고 거룩한 인격으로 성장하기

위해서 바로 White Dog이 좋아하는 음식들을 계속 먹여 줘야
합니다.

또 믿음으로 예수님의 재림을 기다리며 그때 이루어질 영화
를 소망하며 힘든 세상이지만 범사에 능력 있게 살아가야 하겠
습니다.

3

다른 사람을 용서할 수 있는
수준으로 성장하자

세 번째로, 성장해야 할 영역은 우리가 다른 사람을 완전히 용서해 줄 수 있는 수준으로 성장하는 것입니다. 용서라고 하는 것은 참 어렵습니다. 쉬운 게 아닙니다. 용서의 겉 표현은 우리가 누구나 할 수 있는 일이지만 마음속 중심에서 용서하는 것은 쉬운 일이 아닙니다.

에베소서 4:32에서 "서로 인자하게 하며 불쌍히 여기며 서로 용서하기를 하나님이 그리스도 안에서 너희를 용서하심과 같이 하라"라고 말씀하셨습니다. 여기에서 용서의 수준을 말씀하고 있습니다. 우리 형제 자매들끼리, 이웃끼리 서로 용서하는 수준이 어느 정도이어야 하느냐 하면 그리스도께서 십자가에서 우리 죄를 대신하여 죽으심으로 말미암아 하나님께서 우리 죄를 용서해 주신 것같이 되어야 한다는 말씀입니다. 다시 말하면, 자기희생적 용서입니다.

그리고 자기희생이 어느 정도냐 하면 자기를 죽이는 희생입니다. 그냥 어느 정도 참고 베푸는 정도가 아니라 십자가에서 예수님이 우리를 용서하시기 위해서 죽으셨기 때문에 우리도 그러한 용서를 해야 한다는 것입니다. 그래서 진정한 용서는 자기가 죽지 않으면 용서가 될 수 없습니다.

우리는 아주 작은 일에 남과 갈등이 생깁니다. 미운 마음이 생깁니다. 원수지게 됩니다. 그리고 잊지 못합니다. 속에서 피가 끓습니다. 성경 말씀을 읽으면 괴롭습니다. 말씀대로 용서해야 되겠는데 어떻게 그게 가능한가?

그러나 에베소서 4:32에서는 "서로 인자하게 하며 불쌍히 여기며 서로 용서하기를 하나님이 그리스도 안에서 너희를 용서하심과 같이 하라"라고 하셨는데, 이 말씀에서 그리스도께서 어떤 수준으로 우리를 용서해 주셨나 하는 것을 잘 묵상해 보면, 뉘우치게 되고, 나도 조금씩 조금씩 그리스도를 닮아 가면서 용서의 수준이 높아질 수 있습니다. 그런 것이 바로 용서에 있어서의 성장입니다.

우리가 '성장'을 생각할 때, 성경을 많이 알고 있고, 성경 구절을 남보다 많이 암송하는 것, 여러 활동을 열심히 하는 것, 그리고 기독교적인 분위기에 누구보다도 잘 익숙해지는 것 등을 생각하기 쉬운데, 그렇지 않습니다.

우리는 아주 실제적인 순종을 통해서 성장을 경험해 보아야 합니다. 정말로 용서해야 된다는 것입니다. 전도할 때 때론, 나를 사람 취급도 안 하며 매몰차게 배척하는 그 사람에 대해서 얼마나 껄끄러운 마음이 생깁니까? 매우 기분 나쁠 수 있습니다. '내가 이러면서도 전도를 해야 되는가?' 그때 용서하는 그리스도의 마음, 그리스도 십자가의 사랑의 마음을 생각한다면 그 용서의 실천을 실제적인 삶 속에서 해 볼 수 있는 것입니다.

로마서 12:14 이후의 말씀을 쭉 보겠습니다.

너희를 핍박하는 자를 축복하라. 축복하고 저주하지 말라.
(14절)

여기에서 얘기하는 핍박은 사실 엄청난 핍박입니다. 내 목숨을 빼앗아 가는 그런 핍박입니다. 그런 정도는 여러분이 지금 생각하지 못하더라도 우리에게도 사소한 핍박들이 있습니다.

예수님 믿는다고 선배가 나를 비아냥거린다든지, 회사에서 동료가 내가 술 안 먹는다고 여러 가지로 비꼬고 괴롭힌다든지, 아니면 부모가 나의 믿음을 이해하지 못하고 힘들게 한다든지, 내가 성경공부하는 것에 대해 주변 사람들이 나를 부끄럽게 하는 말을 한다든지, 이런 핍박들을 당할 수가 있는 것입니다.

그랬을 때에 속으로 그들을 저주하는 마음을 갖는 것보다 그들을 축복하라는 말씀입니다. 그들을 오히려 축복해 주고 저주하지 말라고 하셨습니다. 그렇게 되면 '내가 어느 수준인가에 벌써 성장했구나'라고 하는 확신을 가질 수 있기 때문에 감사가 넘치게 됩니다.

> 즐거워하는 자들로 함께 즐거워하고 우는 자들로 함께 울라.
> (15절)

다른 사람들의 감정에 동참해 줄 줄 아는 사람이 되어야 함을 말씀하고 있습니다. 옆에 있는 사람이 집안에 어려움이 있는데 자기는 즐겁다고 "할렐루야! 할렐루야!" 하고 다니면 그 사람이 예수님 믿겠습니까? 그의 슬픔에 동참해 주면서 그를 위해서 기도해 주고, "참 너 정말 그렇겠구나. 내가 어떻게 도와야 될지는 모르지만 네 마음을 이해한다. 내가 뭔가 도와줄

거 없냐?" 이렇게 동참해 주는 마음이 있어야 하겠습니다.

또 즐거워하는 자와 함께 즐거워하는 것은 참 쉬울 것 같습니다. 어떻게 생각하면 그렇지만 사실은 우는 자와 함께 우는 것보다 더 어려울 때가 있습니다. 우리나라 속담에 사촌이 땅 사면 배가 아프다는 말이 있습니다. 나는 아직 땅을 못 샀는데 옆 사람이 땅을 샀을 때 함께 기뻐해 주기보다는 배가 아프다는 말입니다.

쉬운 게 아닙니다. 남 잘되는 거 보고 함께 뛰며 기뻐해 주는 것보다는, 속으로 시기심이 나고, '나는 왜 저렇게 못 하고 있을까?' 하며 또 자기 가슴을 치고… 이러한 마음이 있을 수 있는데, 이런 경우에도 함께 즐거워해 줄 수 있는 것이 바로 진정 함께해 주는 마음, 다른 사람을 받아들이는 마음이 되는 것입니다. 이렇게 되는 것이 진정한 성장의 모습인 것입니다.

서로 마음을 같이하며 높은 데 마음을 두지 말고 도리어 낮은
데 처하며 스스로 지혜 있는 체 말라. (16절)

누구든지 낮은 데 처하기를 별로 좋아하지 않습니다. 어디든지 높이 올라가기를 원하는 것입니다. 학교에서도 회사에서도

가정에서도 누구든지 자기를 가장 인정해 주기를 바라고 있습니다.

산을 가면 제일 꼭대기를 꼭 올라가고야 마는, 그래야 성공했다고 생각하는 것입니다. 산 밑에서 놀다 오면 성공하지 못한 것처럼 생각하는 것입니다. 꼭 꼭대기를 올라가야만 성취감을 갖게 되는 성격이 있습니다.

어떤 목사님이 새로운 교회에 부임했는데, 딱 보니까 지금까지 본 어떤 교회보다 종탑이 굉장히 높은 겁니다. '아, 저기 올라가서 기도해야지!' 그 좁다란 위험하게 생긴 높은 꼭대기에 혼자 사다리를 타고 올라가서 기도하기를 즐겨 했습니다. 거기서 기도하다가 갑자기 어떤 기도가 나왔냐 하면, "하나님, 제가 여기까지 올라왔습니다. 제가 하나님이 어디 계신 것을 여기에서 경험할 수 있겠습니까?" 그랬더니 하나님이 하신 말씀이, "나는 여기 있지 않고 저 밑바닥에 있다. 저 밑바닥에 성도들과 함께 있다." 그 목소리가 자기 마음속에 들리는 것입니다. 이후부터는 올라가지 않고 항상 밑에 있는 성도들과 함께 기도하고 그들과 함께 지내면서 성공적인 목회를 했다는 이야기를 들었습니다.

베드로전서 5:5에서, "젊은 자들아, 이와 같이 장로들에게 순복하고 다 서로 겸손으로 허리를 동이라. '하나님이 교만한 자를 대적하시되' 겸손한 자들에게는 은혜를 주시느니라"라고 하신 말씀에서, 교만이라고 하는 것은 하나님이 가장 싫어하시는 것 중의 하나임을 알 수 있습니다. 교만이 쌓이고 커지면 결국 하나님의 권위도 무시하는 사람이 될 수 있기 때문입니다.

그 결과 하나님이 대적하시는 상태가 되기까지 교만하면 절대로 다른 사람을 용서할 줄 모르게 될 뿐만 아니라 아주 작은 사소한 일에도 남을 받아줄 수 없는 사람이 되는 것입니다.

그러면 결국 그 사람과만 원수로 그치는 것이 아니라, 누구하고까지 원수가 되느냐 하면, 하나님이 대적하신다고 하셨기 때문에 하나님과 원수가 되는 것입니다. 무서운 일입니다. 하나님하고 대적하는 관계에서 견딜 수가 있겠습니까? 안 됩니다. 그렇기 때문에 하나님이 대적하는 자가 되지 않도록 하기 위해서는 교만한 마음을 버리고 겸손한 가운데 다른 사람을 이해하고 받고 용서해야 되는 것입니다.

로마서 12:14 이후로 계속 우리가 어떠한 마음으로 용서하며 살아야 될 것을 말씀하고 있습니다.

악으로 악을 갚지 말고 모든 사람 앞에서 선한 일을 도모하라. (17절)

우리가 모르는 척하고 참을 수는 있는데 오히려 적극적으로 악한 사람 앞에서 '선한 일을 도모하라'고 하셨습니다. 도모한다는 말은 대부분 아주 적극적인 행위를 얘기하는 것인데, 선한 사람을 위해서 선을 도모하는 것은 즐거운 일이겠지만, 악한 사람 앞에서 그를 내가 참으면서 오히려 선을 적극적으로 창의력 있게 도모한다는 것은 내가 손해만 보는 것 같고 억울하고 분한 마음이 발동하여 지속하기가 힘들 수 있는 것입니다.

혹, 이 말씀을 듣는 여러분 자신에게, '참 어렵다, 그렇게까지는 못 하겠다' 이런 생각이 있다면 그렇다고 해서 좌절할 필요는 없습니다. 왜냐하면 성장 과정이기 때문입니다. 지금 이 말씀을 듣는 순간 여러분이 순식간에 바뀌어서 모든 걸 다 용서할 수 있는 사람이 되는 것은 아닙니다. 아직 자신 없다는 생각이 더 많이 들 수 있습니다. 그렇지만 실망하지 말아야 할 것은 내 감정이 지금 그렇더라도 성장 과정이기 때문에 조금씩 조금씩 자라 간다는 것입니다. 성장에는 어떤 과정이 있는 것입니다. 갑자기 뻥튀기로 크는 건 성장이 아닙니다.

할 수 있거든 너희로서는 모든 사람으로 더불어 평화하라.
(18절)

'내 스타일', 요즘 그런 말을 많이 합니다. 사람들이 "야, 내 스타일이야!"라는 말을 합니다. 무슨 말인지 정확히는 잘 모르겠는데, 자기 마음에 든다는 것 같습니다. 자기 마음에 들면 친하고 마음에 안 들면 멀어진다는 것입니다. 그러나 성경은 자기 마음에 드는 사람하고만 친하라는 것이 아닙니다. 그렇게 하는 것은 올바른 성장이 될 수 없는 것입니다.

그리스도 밖에서뿐만 아니라 그리스도 안에서, 우리 교제 안에서까지도 자기 마음에 드는 사람하고만 친하면 그것은 하나님의 뜻이 아니라는 것을 기억해야 하겠습니다. 현재 누군가에 대해 나는 피하고 침묵하고 참는 그런 수준이라고 해서 실망하지 말고 거기에서 좀 더 성장해서 모든 사람과 평화를 누릴 수 있는 수준으로 가야 합니다.

내 사랑하는 자들아, 너희가 친히 원수를 갚지 말고 진노하심에 맡기라. 기록되었으되 원수 갚는 것이 내게 있으니 내가 갚으리라고 주께서 말씀하시니라. (19절)

이 말씀과 같이 원수 갚는 것은 우리가 할 일이 아닙니다. 그건 내 할 일이 아니고 하나님께 맡기라고 말씀하십니다. 내가 원수를 갚으려 하면 원수도 못 갚을 뿐만 아니라 때로는 내가 먼저 멸망하게 될 수도 있습니다. 그러나 하나님께 맡기면 어떨 때는 내가 생각한 것보다도 더 심각하게 원수를 갚아 주실 때가 있습니다. 그래서 어떨 때는 놀라서, '하나님, 제가 그 정도까지 원하지는 않았는데 그렇게까지 안 하셔도 되는데요…' 라고 생각할 때도 있습니다. 그런데 실제로 내가 직접 갚으려고 하면, 갚고 나서도 덜 갚은 것같이 느껴질 수 있습니다.

우리가 영적으로 성장된 수준이 되기 위해서 원수에 대해서도 하나님께 맡겨야 하겠습니다.

네 원수가 주리거든 먹이고 목마르거든 마시우라. 그리함으로 네가 숯불을 그 머리에 쌓아 놓으리라. (20절)

나의 할 일은 오히려 원수를 먹이고 목마른 필요가 있으면 마시게 하고 그를 도와주고 사랑해 주고 베풀어 주고, 그러면 숯불을 그의 머리 위에 쌓아 놓게 된다고 말씀하십니다. 숯불이 머리 위에 있으면 어떻게 되나요? 상상만 해도 심각합니다. 그 정도로 그가 오히려 부끄러움을 느끼게 되고 회개하게 될 수 있도록 하기 위해서는 내가 원수를 갚는 것이 아니라 하나님께 맡기고 오히려 나는 그에게 사랑을 베푸는 수준으로 성장해 나가야 합니다.

지금 우리 마음에 자기를 괴롭히는 사람이 누군가를 한번 생각해 보십시오. 생각이 날 겁니다. 직장 내에서, 동네에서, 가정에서, 친구들 사이에서, 그런 사람이 있으면 하나님께 맡겨 보시고 본인은 그에게 사랑을 베풀어 보시기 바랍니다.

악에게 지지 말고 선으로 악을 이기라. (21절)

그리스도인에게 악을 이기는 방법은 내가 그보다 더 강한 악을 가지고 싸워야 되는 게 아니고 오히려 선으로 악을 이기는 것입니다. 즉, 선이 악을 이길 수 있는 무기라는 것입니다. 이것이 바로 성장한 사람의 모습입니다.

지금 14절부터 21절까지의 내용을 보면 우리의 현재 수준으로서는 자신 없는 게 많이 있을 것입니다. '아! 나는 아직 그 정도가 아니다.' 그러면 그 정도 아닌 상태에서 조금씩 조금씩 "주님, 나를 성장하게 하여 주시옵소서!" 하고 기도해야 하는 것입니다. "어제보다는 오늘이 좀 더 낫도록 도와주시옵소서!

이제 최종적으로는 원수까지 사랑할 수 있는 주님처럼 되게 도와주시옵소서!"라고 기도해야 하겠습니다.

주님은 원수를 사랑해 주셨습니다. 바로 우리가 죄인들이었는데 우리를 위해서 자기 목숨을 십자가에서 바쳐 주심으로 우리가 예수님을 믿게 된 것입니다. 우리가 예수님 믿게 된 것이 예수님의 어떤 슈퍼 파워를 보고 믿은 것이 아닙니다. 예수님의 지혜를 보고 믿은 것도 아닙니다. 예수님의 놀라운 지식을 보고 믿은 것이 결코 아닙니다. 자기를 십자가에서 희생하시는 예수님의 그 사랑 때문에 예수님을 믿은 것 아닙니까?

우리가 다른 사람을 주님께 인도하는 방법도 바로 그 예수님을 닮는 데 있는 것입니다. 예수님의 용서의 수준을 보고 조금씩 조금씩 내가 성장해 나가야 합니다.

사도행전 7:54을 보면, "저희가 이 말을 듣고 마음에 찔려 저를 향하여 이를 갈거늘"이라고 했습니다. 스데반이 순교당하기 전에, 주변에 있는 수많은 이스라엘 백성들에게 역사적으로 이스라엘이 하나님 앞에 어떤 죄악을 범했는가를 얘기했을 때, 그들이 "이 말을 듣고" 즉 이스라엘의 역사적인 죄악을 듣고 마음에 찔렸다고 했습니다. 마음에 찔리면 그다음에 나오는 반응이 무엇이어야 됩니까? 회개해야 하는 것입니다. 그런데 마음에 찔려 그다음에 어떻게 행동했다고 했습니까? "저를 향하여 이를 갈거늘"이라고 했습니다. 마음이 찔렸는데도 오히려 이를 갈았습니다.

우리가 배우는 태도라고 하는 것은 성경 말씀을 통해서 마음에 찔림이 오면 그다음에 하나님 앞에 겸손히 자백하고 회개하고 이제부터 하나님을 따르며 성장할 것을 결심해야 됨을 명심해야 합니다. 그러한 실천을 해야 하는데, 만약 '내가 할 수도 없는 걸 가르치다니!', ' 우리가 겨우 그런 수준이라니!' 하고 이를 갈아서는 안 됩니다.

그리스도께서 우리 안에 내주하고 계시고, 성령께서 나와 함께해 주고 계시는 사실을 믿으면, 영적 성장의 영역에 있어서도 이제 내가 불가능하게 보이는 현재의 상태나 문제에서 조금씩 조금씩 성장해 나가게 되고 결국엔 그리스도의 장성한 분량에 이르도록 성장할 수 있게 된다는 것을 믿어야 합니다.

4

'내가 쓸모 있는 자'라는 것을 믿고
실천하는 일에 성장하자

네번째로, 성장하기 위해서는 '내가 쓸모 있는 자'라고 하는 것을 믿고 실천하는 성장이 필요합니다. '나는 무용지물이다. 속된 말로 나는 항상 따까리다. 어떤 그리스도인 모임을 가든지 어디를 가든지 나는 항상 아웃사이더다.' 그렇게 생각하지 말고, 내가 '주님 앞에서 사용될 수 있는 유용한 자다!'라고 하는 믿음을 갖는 성장으로 바뀌어야 됩니다.

마태복음 21:42에서 예수님께서 "너희가 성경에 건축자들의 버린 돌이 모퉁이의 머릿돌이 되었나니 이것은 주로 말미암아 된 것이요 우리 눈에 기이하도다 함을 읽어 본 일이 없느냐?" 하셨는데, 예수님께서 하신 이 말씀은 시편 118:22-23 말씀을 인용하신 것입니다.

보통 건축자들은 반듯하게 채석장에서 다듬어 가지고 이만 딱딱 맞추면 되는 다듬어진 돌로 건축을 합니다. 그런데 건축자들이 돌을 가지고 하나씩 쓰다가 갑자기 손에 잡힌 게 뭐냐 하면 전혀 다듬어지지 않은 돌이 잡힌 것입니다. 자연석인 것입니다. 정이 전혀 근처에 한 번도 닿지 않은, 정으로 때린 것이 한 번도 없는 자연석 그대로니까 그것을 그 건축자는 어떻게 하겠습니까? '뭐, 이런 돌이 잡혀!' 하고서는 휙 버렸습니다. 그런데 하나님은 건축자 즉 이스라엘 종교 지도자들이 버린 돌을 주워다가 머릿돌로 사용하셨습니다. 그들이 버린 돌이 바로 예수님입니다. 예수님은 그들의 규격품에 맞지 않는 분이었습니다. 그래서 십자가에 못 박혀 죽도록 한 것입니다. 그런데 하나님은 그 버린 돌, 자연석, 산돌을 주워서 머릿돌로 만들어 주셨습니다.

베드로전서 2:7의 내용이 바로 이에 대한 설명입니다.

그러므로 믿는 너희에게는 보배이나 믿지 아니하는 자에게는
건축자들의 버린 그 돌이 모퉁이의 머릿돌이 되고.

예수님께서 당시 종교 지도자들에게 부딪히는 돌, 거침돌이었고 던져 버려졌지만, 하나님은 이 거침돌을 디딤돌로, 버린 돌을 머릿돌로 삼으셨습니다. 이와 같이 우리도 산돌같이 신령

한 집으로 세워져 가고 있습니다(베드로전서 2:5). 그래서 우리도 하나님 앞에 유용한 자가 됩니다.

건축자들은 자연 그대로의 산돌을 무용지물인 것처럼 버렸지만 하나님은 머릿돌로 세우신 것처럼, 우리 각자가 지금 어떤 상태에 있고 무엇이 부족하든지 간에 하나님께서는 우리 한 사람 한 사람을 유용한 자로 만드신다는 것입니다.

그래서 베드로전서 2:9에 이렇게 말씀하고 있습니다.

오직 너희는 택하신 족속이요.

아니, 내가 하나님께서 택하신 족속이라니! 그것 하나만 가지고도 밤새도록 묵상해 보면 얼마나 축복이 되는지요?

왕 같은 제사장들이요, 거룩한 나라요, 그의 소유된 백성이니.

내가 바로 하나님의 백성이라는 것입니다!

이는 너희를 어두운 데서 불러내어 그의 기이한 빛에 들어가게 하신 자의 아름다운 덕을 선전하게 하려 하심이라.

아름다운 덕, 즉 복음을 선전하게 하도록 하기 위해서 건축자들은 던져 버린 자연석 같은 무용지물이었던 우리를 하나님께서 이처럼 귀한 위치와 역할로 사용해 주신다고 하는 것을 이 말씀을 통해서 우리는 믿어야 합니다.

믿음이 우리를 쓸모없는 자가 아니라 쓸모 있는 자라고 하는 확신을 갖게 하는 것입니다. 그래서 그 확신이 있으면 그다음에 '헌신'이 따라야 합니다. 우리 인간 사회에서 쓸모없는 자같이 자기가 느껴진다 할지라도 오히려 하나님에게는 쓸모 있는 자로 비춰진다고 하는 사실을 보고 확신을 가지면 헌신하는 삶으로 자신을 드릴 수 있게 되는 것입니다.

썩은 고목나무를 보면 그 산의 주인은 죽은 나무니까 톱으로 베어서 버립니다. 그런데 예술가가 보면 그 썩은 고목나무가 예술품이 되는 것입니다. 다른 사람에게는 그것이 필요 없고 쓸모없어 보이는 것이지만 예술가의 눈은 거기에서 아름다움을 발견하고 그것으로 미술품을 만드는 것처럼, 하나님께서는 우리를 보시고 우리에게서 아름다운 모습을 보실 수 있는 시야가 있으시다는 것입니다.

그가 혹은 사도로 혹은 선지자로 혹은 복음 전하는 자로 혹은

목사와 교사로 주셨으니, 이는 성도를 온전케 하며 봉사의 일
을 하게 하며 그리스도의 몸을 세우려 하심이라. (에베소서
4:11-12)

예수님을 믿는 우리 각 사람을 온전케 해 주시는 하나님이십
니다. 그리스도의 몸 된 지체를 성장하도록 하여 봉사의 일에
헌신할 수 있도록 도와주십니다.

그래서 불평이나 원망이나 좌절 가운데 빠져 있는 우리가 되
어서는 안 되고, 쓸모 있음을 확신하는 믿음 가운데 있어야 우
리가 제대로 성장할 수 있는 것입니다.

5

개념과 사고방식에서 성장하자

또한 개념과 사고방식에서도 성장해야 합니다. 골로새서 3:10에서, "새사람을 입었으니 이는 자기를 창조하신 자의 형상을 좇아 지식에까지 새롭게 하심을 받는 자니라"라고 하셨습니다.

지금까지 골로새 교회 교인들은 주변의 어떤 사람들의 영향을 많이 받았는가 하면 당시에 거짓 교사들 즉 세상적인 철학과 합작이 된 아주 잘못된 이단적인 교리에 영향을 굉장히 많이 받았습니다. 그래서 잘못된 철학, 잘못된 개념, 잘못된 믿음을 가지고 있었습니다.

그런데 예수님을 믿은 이후부터는 지식에까지 새롭게 하심을 받은 자가 되었다고 말씀을 하고 있습니다. 그래서 우리도 이 세상에 지금까지 살아오면서 잘못된 지식, 잘못된 교리, 잘못된 이론들이 내 마음에 나도 모르는 사이에 꽉 박혀 내 생각과 마음을 지배하고 있어서 예수님을 믿고 성경을 보는데도 순간순간 혼돈이 되어 '그게 아닌 것 같은데' 하는 생각도 들고 굉장히 어지럽고 혼돈될 때가 있는 것입니다.

그런데 정말로 영적 성장이 잘되기 위해서는 개념과 사고방식까지도 영적으로 바뀌는 변화와 성장이 있어야 하겠습니다. 잘못된 모든 것을 지워 버려야 되는 것입니다. 그리고 이제 성경 말씀에서 이야기하는 개념, 성경 말씀에서 배울 수 있는 올바른 사고방식 등으로 우리의 생각과 지식이 성서적이 되도록 바꿔져야 합니다.

오늘날 유행하는 세상 철학을 들여다보면 굉장히 유식한 말들이 많고 논리가 많고 예화들도 많고 굉장히 복잡합니다. 그런데 그 모든 수식어들을 다 털어 버리고 남겨 놓으면 딱 두 가지 남는 것이 있습니다. '자유'와 '개인'이라는 것입니다. 결국 그 철학은 자유와 개인을 주장하고 있습니다. '방종'을 자유라 포장하고 '자기중심적 이기심'을 개인이라는 말로 바꾼 가운데, 이 두 가지 특징은 매우 타당하고 멋있는 것 같아 보여서 많은 기독교 지도자들까지도 그 영향을 받고 있고, 교회도 그런 식으로 이끌어 가야 된다고 생각하는 사람까지도 생기고 있습니다. 하지만 사실은 이 왜곡된 자유와 개인이라고 하는 개념은 주님의 지상사명을 성취하는 데 방해가 되는 아주 핵심적인 장애물이라고 하는 것을 우리는 알아야 합니다. 우리는 자유와 개인에 대한 올바른 사고방식과 올바른 개념을 가져야 합니다.

제자삼는 사역의 중요한 요소는 자기를 부인하는 것입니다. 예수님께서는 누가복음 9:23에서 "아무든지 나를 따라오려거든 자기를 부인하고 날마다 제 십자가를 지고 나를 좇을 것이니라"라고 말씀하셨습니다. 이 말씀과 같이, 자기 마음대로, 자기 생각대로, 자기 뜻대로 행하려 하고, 그래서 개인이라고 하는 것을 주장하는 것은 성경에서 얘기하고 있는 것이 아닙니다. 성경에서는 오히려 자기를 부인하라고 했습니다. 자기 십자가를 지라고 했습니다. 그래야만 그리스도의 제자가 되고 그리스도께서 원하시는 지상사명을 성취할 수 있는 것입니다.

또 '자유'라고 하는 것을 잘 생각해 보아야 합니다. 누가복음 14:27에 보면, "누구든지 자기 십자가를 지고 나를 좇지 않는 자도 능히 나의 제자가 되지 못하리라"라고 하셨습니다. 자유롭게 내 마음대로, 내 뜻대로… 하는 것을 자유라고 잘못 생각합니다. 그래서 요즘은 내 마음대로(my way)가 아주 유행하고 있지만, 성경은 내 마음대로, 내 뜻대로, 내 생각대로가 아니라 자기 십자가를 지고 예수님을 좇아야만 그리스도의 제자가 된다고 했습니다.

십자가를 진다고 하는 것은 바로 그리스도의 멍에를 메는 것입니다. 그러면 그것은 속박을 당하는 것이고, 멍에 가운데 있기 때문에 자유를 잃어버린다고 생각할 수 있겠지만 그렇지 않습니다. 오히려 "내 멍에는 쉽고 내 짐은 가벼움이라"(마태복음 11:30) 하신 말씀처럼 십자가를 질 때에 가벼워지는 것입니다. 자유로워지는 것입니다. 십자가를 내려놓는 순간 내가 해방된 것 같지만 오히려 사탄은 더 무거운 짐을 나에게 지도록 만드는 것입니다. 정신적으로, 감정적으로, 육체적으로, 모든 면에서 무거운 짐을 지게 만들기 때문에, 그 짐에서 해방되고 진정한 자유를 누리려고 하면 그리스도가 주시는 십자가를 져야 합니다.

그래서 '참자유가 뭐냐?' 하면, 요한복음 8:32에서 "진리가 너희를 자유케 하리라" 하신 말씀처럼, 성경 말씀의 진리대로 사는 것이 진정한 자유를 누리는 것입니다.

내 마음대로 살면 자유로울 것 같습니다. 처음에는 그 이론이 그럴듯합니다. 그런데 내 마음대로라고 하는 한 발자국을 내디디면 그다음에는 거기가 수렁이다 하는 것입니다. 내 생각대로라고 하는 한 발자국을 내디디다 보면 거기는 내 모든 자유를 빼앗기는, 빠져나올 수 없는 사탄의 깊은 수렁으로 빠져들어 가게 되는 것입니다.

그래서 오히려 십자가를 지고 주님을 좇으면 하나님께서 진정한 자유를 이 진리 가운데서 누리게 해 주십니다. 이를 위해서는 자기를 부인하고 제 십자가를 지는 삶의 훈련이 되어야 합니다.

고린도전서 9:27에서 "내가 내 몸을 쳐 복종하게 함은 내가 남에게 전파한 후에 자기가 도리어 버림이 될까 두려워함이로라"라고 말씀하신 사도 바울은 아주 높은 수준으로 성장한 분이십니다. 그분이 매일매일 실천한 것이 바로 무엇이냐 하면, 자기 몸을 쳐서 복종케 하는 것이었습니다.

그것이 바로 십자가를 지고 가는 삶입니다. 그래서 자기를 쳐서 복종하는 것은 내 마음대로, 내 뜻대로, 내 생각대로에서부터 벗어나기 위해서 자기를 치는 것입니다. 그래서 영적 훈련에 열중함으로 성장해 나갈 때에 주님의 쓰심에 합당한 높은 수준을 유지할 수 있게 되는 것입니다.

'오랫동안 내가 십자가를 져 왔으니까 이제는 좀 내려놔도 되겠지' 하면서, 서서히 쉽게 살고, 세상적인 것과 혼합된 개념으로 변질되어 가고, 순수한 성경 말씀의 개념을 잃어버리게 되고, 선명치 않은 삶 속에서 애매모호하게 사는 것이 자유라고 느껴진다면 그것은 큰 오산입니다.

그때부터 더 무거운 짐을 사탄이 가져다주는 것입니다. 그리고 모든 일이 정말로 자유가 아니라 이해할 수 없는 이상한 속박 속에 자기가 들어가 있는 것을 알게 될 것입니다.

"진리를 알지니 진리가 너희를 자유케 하리라"(요한복음 8:32)라는 말씀을 깨달으면서, 나를 가장 자유로우면서도 즐거우면서도 은혜롭게 살 수 있도록 하기 위해서, 자기를 쳐서 진리의 말씀에 복종케 하는 이러한 삶의 개념과 사고방식을 가지며, 그 안에서 성장하는 우리 모두가 되기를 바랍니다.

6

그리스도의 형상을 닮고 그의 형상을 닮게 해 주는 삶에서 성장하자

'그리스도를 알고 그를 알게 하라'라는 모토와 함께 '그리스도의 형상을 닮고 그의 형상을 닮게 하라'라는 새로운 표현의 모토를 2022년 크리스마스를 맞이하여 새롭게 주장해 보기로 했었습니다. 그때 아래의 말씀들을 묵상하며 '그리스도의 형상'을 닮아 가는 영적 성장에 큰 도움이 되었는데, 다시 한번 더 그 말씀들을 깊이 묵상하고 삶에 적용하시기를 바랍니다.

> 우리가 다 수건을 벗은 얼굴로 거울을 보는 것같이 주의 영광을 보매 저와 같은 형상으로 화하여 영광으로 영광에 이르니 곧 주의 영으로 말미암음이니라. (고린도후서 3:18)

… 그리스도는 하나님의 형상이니라. (고린도후서 4:4하)

하나님이 미리 아신 자들로 또한 그 '아들의 형상을 본받게' 하기 위하여 미리 정하셨으니 이는 그로 많은 형제 중에서 맏아들이 되게 하려 하심이니라. (로마서 8:29)

우리가 흙에 속한 자의 형상을 입은 것같이 또한 '하늘에 속한 자의 형상'을 입으리라. (고린도전서 15:49)

나의 자녀들아, 너희 속에 '그리스도의 형상'이 이루기까지 다시 너희를 위하여 해산하는 수고를 하노니. (갈라디아서 4:19)

새사람을 입었으니 이는 자기를 '창조하신 자의 형상을 좇아' 지식에까지 새롭게 하심을 받는 자니라. (골로새서 3:10)

위의 말씀 구절들을 계속 기억하시면서 다음 말씀을 들어 주시기 바랍니다.

마태복음 17:1-2에서는 예수님께서 거룩하게 변형되시는 장면을 보여 줍니다. 예수님께서 베드로, 야고보와 요한만 따로

데리고 높은 산에 올라가셨더니 저희 앞에서 변형되사 그 얼굴이 해같이 빛나며 옷이 빛과 같이 희어졌습니다.

마가복음 9:2과 또 누가복음 9:28-29에서도 그 용모가 "변형되사" 또는 "변화되고"라는 말씀이 있는데, 예수님의 변모는 어떤 상징적인 의미가 아니라 실제적으로 눈에 보이는 변모였습니다.

그뿐 아니라 광채가 눈부시게 빛나는 옷은 하늘나라에서 우리가 그리스도 안에서 실제로 체험할 영광의 모습이기 때문에 주님의 변형되심은 단순히 또 일시적인 영적 상징을 의미하는 것이 아님을 미리 보여주시는 것입니다.

예수님의 거룩한 변형되심과 엘리야와 모세가 함께 있는 그 자리(마태복음 17:3, 마가복음 9:3-5, 누가복음 9:30)가 그곳에 함께 있었던 제자들에게 얼마나 영광스럽게 생각되었을까요? 너무나 감동적이었기 때문에 베드로가 나서서 그 자리에 그냥 눌러살자는 자신의 의견을 말할 정도였습니다(마태복음 17:4).

바로 그 순간 구름 속에서 하나님의 말씀이 들려옵니다(마태복음 17:5).

이는
'내 사랑하는 아들'이요
'내 기뻐하는 자'니
너희는
'저의 말을 들으라'.

  이렇게 놀라우신 주님의 보호 아래 Lordship 가운데 머물러 있어야 한다는 것과 주님의 거룩하고 진리 되신 말씀의 권위를 인정하고 순종하며 따르라는 말씀입니다. 주님의 보호 아래에서 주님의 말씀을 잘 듣고 따르면서 기쁨의 삶을 살아야 합니다.

  실제로 제자들은 예수님의 부활 이후 주님의 뜻을 따르며 주님의 보호 아래 사는 힘이 얼마나 대단한지 우리에게 보여 줍니다. 열정적으로 세상 끝까지 가서 복음을 전파할 수 있었고, 어떤 박해와 위협에서도 주님의 기쁜 소식을 전하는 데 주저함이 없었습니다. 그러면서도 늘 기쁨과 소망을 간직하며 살았습니다.

  그러므로 우리도 거룩하게 변해야 합니다. 그런데 주님의 보호 아래에 머물러 있지 않으면 거룩하게 변모될 수 없습니다. 세상 지혜로 사는 사람은 자기 입장에서는 가장 지혜로운 것 같으나 실은 가장 어리석다는 것과 가장 연약하게 된다는 것을 알아야 합니다.

마태복음 13:23을 보면 예수님께서는 좋은 땅에 씨 뿌리는 사람의 비유에서 그 열매의 결실은 "혹 백 배, 혹 육십 배, 혹 삼십 배가 되느니라"라고 말씀하셨습니다. 이 씨 뿌리는 비유의 말씀은 우리가 신앙생활을 하면서 자주 경험하는 과정이라고 생각합니다.

23절 이전의 마태복음 13:18-22에서, '길가'는 많은 사람들의 신발 바닥에 사정없이 밟히는 험한 상황일 때를 생각하게 합니다. '돌밭'은 문제의 해결 기미가 안 보이는 암담한 상황일 때를 생각나게 합니다. '가시덤불'은 일이 얽히고설키고 뒤죽박죽되어 복잡한 상황일 때를 생각나게 합니다.

그런데 중요한 것은 지금 내 마음이 길가, 돌밭, 가시덤불 상태로만 머물러 있고 좋은 땅으로 변화되지 못하고 있을 때에 내가 어떻게 해야 하느냐 하는 것입니다.

먼저 내 마음이 좋은 땅으로 변화되고 거기에 씨를 뿌릴 수 있게 되기를 간절히 원하는 마음이 있어야 합니다.

또 하나님의 말씀을 잘 듣고 간절히 기도하면서 바라고 찾고 기다리면 하나님께서는 반드시 나를 좋은 땅이 되도록 해 주실 것입니다. 이것을 믿으시기를 바랍니다.

그래서 우리에게 필요한 것은 단 한 가지, 잠깐 쉬면서 세속적인 욕심을 내려놓고 기도하면서 주님의 도우심을 인내하며 기다리는 것입니다. 그 기도의 기다림이 믿음입니다. 기다리는 믿음의 삶을 살면서, 말씀의 칼날을 갈아야 합니다. 그 칼날로 다른 사람이 아니라 먼저 내 마음 안에 있는 탐욕을 잘라 내고, 기다리면서 '주님의 형상'을 닮아 가야 합니다(갈라디아서 4:19, 골로새서 3:10, 로마서 8:29).

이렇게 주님의 형상을 닮아 가는 삶에서 성장하는 일에 집중하다 보면 혹 백 배, 혹 육십 배, 혹 삼십 배의 열매가 맺어질 좋은 땅의 사람으로 변화되게 해 주시는 날이 반드시 찾아올 것입니다.

그러면 그 후엔 주님께서 나에게 말씀을 듣고 깨닫는 자(마태복음 13:23)인 좋은 땅과 같은 다른 사람을 만날 수 있게도 해 주시고, 또 영적으로 어린 사람을 잘 양육하여 좋은 땅이 되도록 돕는 자가 되게도 해 주실 것입니다.

이 좋은 땅은 '충성된 사람'입니다. 그는 말씀을 듣고 깨닫는 것으로 끝나지 아니하고 삶에 잘 적용하고 실천하여 순종하는 사람입니다.

그래서 디모데후서 2:2에 보면 "내게 들은 바를 충성된 사람들에게 부탁하라. 저희가 또 다른 사람들을 가르칠 수 있으리라"라고 말씀하셨습니다. 이렇게 해서 배가의 열매가 풍성해지는 것입니다.

내가 먼저 말씀을 통해 그리스도의 형상을 닮고, 그 충성된 한 사람에게도 말씀을 통해 그리스도의 형상을 닮도록 돕다 보면, 높은 수준의 질적인 영적 배가의 열매가 풍성해지는 것입니다. (창세기 26:12-13 참고. 영적으로도 이렇게 됨.)

지금부터 내게도 이와 같은 복된 삶이 이루어지도록 기도 가운데 올바른 적용과 실천을 하시기 바랍니다.

**그리스도의 형상을 닮고
그의 형상을 닮게 하라!**

7

천국에서 누릴 '가장 보배로운 삶'의
목표를 이루는 일에 성장하자

옛날에는 은행이 흔치 않아서 그랬는지는 몰라도 성경을 보면 사람들이 귀중한 보화를 자기 밭에 묻어 감춰 놓은 것 같습니다. 그런데 어떤 보화나 매우 값진 보물 같은 것이 감춰진 곳을 누군가 알게 된다면 사람들은 어떻게 하겠습니까?

마태복음 13:44을 보면, "천국은 마치 밭에 감추인 보화와 같으니 사람이 이를 발견한 후 숨겨 두고 기뻐하여 돌아가서 자기의 소유를 다 팔아 그 밭을 샀느니라"라고 말씀하고 있습니다.

또 그 후의 45-46절에서는 "또 천국은 마치 좋은 진주를 구하는 장사와 같으니 극히 값진 진주 하나를 만나매 가서 자기의 소유를 다 팔아 그 진주를 샀느니라"라고 말씀하십니다.

예수님께서는 몸 된 교회 곧 우리를 값진 보배, 가장 귀한 진주로 여기시고 이를 얻기 위해 가장 비싼 값인 자신의 생명을 값으로 지불하고 사셨습니다.

그래서 나는 더 이상 내 것이 아니라 예수님의 것이 되었습니다.

> 너희 몸은 너희가 하나님께로부터 받은 바 너희 가운데 계신 성령의 전인 줄을 알지 못하느냐? 너희는 너희의 것이 아니라 '값으로 산 것'이 되었으니 그런즉 너희 몸으로 하나님께 영광을 돌리라. (고린도전서 6:19-20)

그러므로 예수님의 것이 된 내 몸으로 이제 내가 할 일은 하나님께 영광을 돌릴 수 있는 일을 하는 것입니다.

그러면 구체적으로 내가 할 일이 무엇이며, 어떻게 해야 하나님께 영광을 돌리게 됩니까?

다음 성경 구절들을 묵상하며 구체적 적용과 실천을 통해 하나님께 영광을 돌릴 수 있는 수준의 영적 성장을 이루는 데 큰 도움을 얻으시길 바랍니다.

누구든지 언제든지 제 육체를 미워하지 않고 오직 양육하여 보호하기를 그리스도께서 교회를 보양함과 같이 하나니 '우리는 그 몸의 지체'임이니라. (에베소서 5:29-30)

교회는 그의 몸이니 만물 안에서 만물을 충만케 하시는 자의 충만이니라. (에베소서 1:23)

그는 몸인 교회의 '머리'라. 그가 근본이요 죽은 자들 가운데서 먼저 나신 자니 이는 친히 만물의 으뜸이 되려 하심이요. (골로새서 1:18)

오직 사랑 안에서 참된 것을 하여 범사에 그에게까지 자랄지라. '그는 머리니 곧 그리스도라'. 그에게서 온몸이 각 마디를 통하여 도움을 입음으로 연락하고 상합하여 각 지체의 분량대로 역사하여 '그 몸을 자라게' 하며 사랑 안에서 스스로 세우느니라. (에베소서 4:15-16)

남편들아, 아내 사랑하기를 그리스도께서 '교회를 사랑하시

고 위하여 자신을 주심'같이 하라. (에베소서 5:25)

이렇게 예수님께서 십자가에서 자신을 드리는 값을 지불하고 교회(믿는 우리)를 사시고 자신의 몸 된 교회의 '머리가 되심'으로 우리는 그리스도와 한 몸 지체가 되는 특권을 얻게 되었습니다.

자신의 생명을 값으로 지불할 만큼 우리를 가장 비싼 가치의 보배로 여겨 주신 것이 얼마나 놀라운 은혜입니까!

그러면 예수님처럼 우리도 모든 것을 지불하고 사야 할 가장 값진 것이 과연 무엇이겠습니까?

곧 예수 그리스도와 영원히 함께할 '하나님의 나라' 곧 'The Kingdom of God'입니다!

> 너희는 '먼저'
> '그의 나라'와
> '그의 의'를 구하라.
> 그리하면 이 모든 것을 너희에게 더하시리라.
> (마태복음 6:33)

네! 제일 우선적으로 먼저 할 일은 '그의 나라' 곧 천국을 위해 살아야 하고, 또한 '그의 의를 구하는 일'을 하는 것입니다.

'그의 의'는 하나님의 의로운 속성 즉 하나님은 의로운 혹은 정의로운 분이시라는 의미이며, 이 의를 구할 수 있는 길은 오직 복음을 위해 사는 것입니다.

왜 복음을 위해 사는 것이 하나님의 의를 구하는 것입니까?

로마서 3:20,24,28을 보면 이렇게 말씀합니다.

> 그러므로 율법의 행위로 그의 앞에 의롭다 하심을 얻을 육체가 없나니 율법으로는 죄를 깨달음이니라. 그리스도 예수 안에 있는 구속으로 말미암아 하나님의 은혜로 값없이 의롭다 하심을 얻은 자 되었느니라. 그러므로 사람이 의롭다 하심을 얻는 것은 율법의 행위에 있지 않고 믿음으로 되는 줄 우리가 인정하노라.

또 로마서 5:1,9에서는 이렇게 말씀합니다.

> 그러므로 우리가 믿음으로 의롭다 하심을 얻었은즉 우리 주

예수 그리스도로 말미암아 하나님으로 더불어 화평을 누리
자. 그러면 이제 우리가 그 피를 인하여 의롭다 하심을 얻었
은즉 더욱 그로 말미암아 진노하심에서 구원을 얻을 것이니.

이런 말씀들에서 보여 주듯이 복음을 믿는 것만이 하나님의
의에 이를 수 있기 때문에 그의 의를 구하는 길은 복음을 믿고
또 복음을 전파하는 일입니다.

가라사대 "때가 찼고 하나님 나라가 가까웠으니 회개하고 복
음을 믿으라" 하시더라. (마가복음 1:15)

복음을 인하여 내가 죄인과 같이 매이는 데까지 고난을 받았
으나 하나님의 말씀은 매이지 아니하니라. (디모데후서 2:9)

이 말씀들을 기억하며 복음에 드려지는 삶에 더욱더 성장하
는 우리가 되어야겠습니다.

그런데 우리가 무엇보다 우선적으로 구해야 하는 것이 '그의
나라' 곧 천국이라 해도, 우리 자신이 먼저 천국에 갈 수 있어야
하지 않겠습니까?

천국 가는 유일한 길은 오직 예수 그리스도뿐이라고 성경 말씀은 증거하고 있습니다.

예수님께서 직접 "내가 곧 길이요 진리요 생명"이라고 요한복음 14:6에 말씀하셨습니다.

여러 길들 중 하나가 아니라 오직 한 길이십니다. 그래서 "나(예수님)로 말미암지 않고는 아버지께로 올 자가 없느니라"라고 6절 하반절에 말씀하셨습니다.

천국 가는 오직 한 길 되시는 예수님을 믿어야만 천국에 갈 수 있습니다.

내가 문이니 누구든지 나로 말미암아 들어가면 구원을 얻고
또는 들어가며 나오며 꼴을 얻으리라. (요한복음 10:9)

다른 이로서는 구원을 얻을 수 없나니 천하 인간에 구원을 얻을 만한 다른 이름을 우리에게 주신 일이 없음이니라 하였더라. (사도행전 4:12)

그러므로 오직 예수님을 믿고 마음에 영접하여 모셔 들여야

하늘나라에 갈 수 있는 것입니다.

> 영접하는 자 곧 그 이름을 믿는 자들에게는 하나님의 자녀가
> 되는 권세를 주셨으니. (요한복음 1:12)

죄인이었던 우리가 예수님을 믿고 마음에 영접하여 모셔 들이기만 하면 하나님의 자녀가 되고 또 하나님의 자녀이면 당연히 천국에 들어갈 수 있게 되는 것이니 이 얼마나 크고 놀라운 은혜입니까!!!

천국에 갈 수 있게 된 것만으로도 더 바랄 것이 없는 엄청난 축복인데 성경 말씀은 그 이상의 축복들을 바라보도록 우리를 격려하고 있습니다.

마태복음 5:12 전반절에서는 "기뻐하고 즐거워하라. 하늘에서 너희의 '상이 큼'이라"라고 하셨고, 고린도전서 3:8에서도 "심는 이와 물 주는 이가 일반이나 각각 자기의 일하는 대로 자기의 '상을 받으리라'" 하셨습니다.

이 말씀과 같이 이 땅에서 모든 것을 다 드려서, 내 생명까지 드려서 얻을 만한 참가치가 있는 보배롭고 큰 상급이 천국에

준비되어 있다는 것입니다.

천국에 갈 수 있는 것만도 큰 상급이라 여기고 그 자리에 머물러 있지는 말아야겠습니다.

이렇게 큰 사랑을 베풀어 주신 주님께서 바라고 계시는 것이 우리가 하늘나라에서 상급까지 받는 자가 되는 것이라면 당연히 그 뜻을 따르는 것이 은혜받은 자의 올바른 태도가 아니겠습니까?

이 땅의 한 작은 나라의 정권을 쥐기 위해 엄청난 투쟁을 하는 것을 보면 하늘나라를 위한 우리의 열정이 오히려 너무나도 부끄러운 수준인 것 같습니다.

그러면 천국과 그 나라와 관계된 보배로운 것을 구하기 위해 나는 무엇을 할 수 있겠습니까?

마가복음 8:36-37에서 내가 가지고 있는 가장 값진 것은 내 목숨 곧 생명이라고 했습니다. 그러므로 나 자신을 드려 가장 큰 가치를 지닌 보배이며 진주인 The Kingdom of God을 구하는 일에 자신을 투자하는 일은 너무나 당연한 것입니다.

The Kingdom of God을 위해 헌신적으로 사는 나 자신도 값진 존재이지만, 또 이 가치 있는 일을 위해 함께 헌신하는 다른 '일꾼들' 곧 주님을 배우고 섬기는 '제자들' 또한 값진 보배입니다.

이 일을 함께 감당할 주님의 제자들을 기르는 사역을 위해 나에게 가장 소중한 소유인 내 생명을 아낌없이 드려야 하겠습니다.

이렇게 가치 있는 제자삼는 일을 하지 않고 The Kingdom of God을 외칠 수 없으며, 제자삼는 사역을 등한시 또는 무시하면서 가장 값진 일에 자신을 헌신하고 있다고 주장할 수는 없는 것입니다.

우리의 바쁜 사역의 일정에서 비핵심적이고 비본질적이고 불필요한 일에 시간과 열정을 쏟고 있다면 많은 것들을 과감히 바꾸는 일을 담대히 실천해야 하겠습니다.

바울은 고린도전서 9:26-27에서 이렇게 말씀하고 있습니다.

그러므로 내가 달음질하기를 향방 없는 것같이 아니하고 싸

우기를 허공을 치는 것같이 아니하여, 내가 내 몸을 쳐 복종
하게 함은 내가 남에게 전파한 후에 자기가 도리어 버림이 될
까 두려워함이로라.

열심히 뛰고도 상을 얻는 일에 버림을 받지 않기 위해 바울
은 먼저 목표를 분명히 하고, 헛발질이나 헛손질하지 않도록
훈련하기 위해 오직 부르심의 목표에 맞는 일에만 집중하는 자
신이 되도록 자기 몸을 쳐 복종케 하는 삶을 살았습니다.

주님께서 주시는 면류관의 가치를 최상의 보배로 믿었기 때
문입니다.

이제 후로는 나를 위하여 의의 면류관이 예비되었으므로 주
곧 의로우신 재판장이 그날에 내게 주실 것이니 내게만 아니
라 주의 나타나심을 사모하는 모든 자에게니라. (디모데후서
4:8)

그리하면 목자장이 나타나실 때에 시들지 아니하는 영광의
면류관을 얻으리라. (베드로전서 5:4)

…네가 죽도록 충성하라. 그리하면 내가 생명의 면류관을 네

게 주리라. (요한계시록 2:10하)

내가 속히 임하리니 네가 가진 것을 굳게 잡아 아무나 네 면
류관을 빼앗지 못하게 하라. (요한계시록 3:11)

또 요한계시록 22:12에서는 "보라. 내가 속히 오리니 내가 줄
상이 내게 있어 각 사람에게 그의 일한 대로 갚아 주리라"라고
말씀하고 있습니다.

이 목표를 이루기 위해서 바울은 자기 자신뿐만 아니라 그
의 영적 자녀들도 그리스도의 형상이 이루게 되기까지 다시 그
들을 위해 해산하는 고통의 수고를 견뎌 냈습니다(갈라디아서
4:19). 해산이 얼마나 힘들고 고통스럽겠습니까!

예수님께서도 요한복음 16:21에서 "여자가 해산하게 되면
그 때가 이르렀으므로 근심하나 아이를 낳으면 세상에 사람 난
기쁨을 인하여 그 '고통'을 다시 기억지 아니하느니라"라고 말
씀하셨습니다.

한 사람을 The Kingdom of God을 위해 충성하며 살도록
돕는 일은 해산의 고통 같은 어려움이 따를 수 있습니다.

예수님께서도 열두 제자를 기르고 훈련하기 위하여 그러한 아픔을 거치셨습니다.

바울도 새 언약의 직분이 얼마나 큰 영광인지를 잘 알고 있었기 때문에 그의 영적 아들(디모데전서 1:2, 디모데후서 1:2)인 디모데에게 이런 요구를 합니다.

"복음과 함께 고난을 받으라." (디모데후서 1:8)
"나와 함께 고난을 받을지니." (디모데후서 2:3)
"핍박을 받으리라." (디모데후서 3:12)
"너는 모든 일에 근신하여 고난을 받으며." (디모데후서 4:5)

디모데에게 이런 말을 하기까지 바울 자신의 마음에 먼저 해산의 고통이 있었던 것입니다.

더욱이 디모데를 살펴보면, 그는 비위도 약하고 병도 자주 나는 허약 체질인데다가(디모데전서 5:23), 사역자로서 나이도 연소한 편이었습니다(디모데전서 4:12). 디모데후서 1:7-8과 고린도전서 16:10-11을 보면, 그는 두려움도 있는 것 같고 부끄러움도 잘 타고 눈물도 잘 흘리는 사람 같습니다(디모데후서 1:4). 이렇게 연약한 부분들이 있는 사람에게는 늘 배려하는 마음으로 따뜻한 격려와 칭찬, 감싸 주는 은혜로운 말과 자신감을 불어넣어 주는 말을 많이 해 줘도 떠나가기가 쉬운데 바울은 디모데에게 직설적으로 "고난을 받으라"라고 했습니다.

바울은 디모데가 비록 연약함이 있어도 영적으로 성숙한 믿음의 사람임을 잘 알고 있었고(디모데후서 1:5), 또 디모데 안에 거하시는 성령님을 믿고 있었기 때문입니다(디모데후서 1:14).

또 그리스도인이 받는 고난이 허망하게 고난으로만 끝나는 것이 아니라 고난은 '영원한 영광을 얻는 과정'임을 디모데가 잘 알고 있다고 믿었기 때문에 고난을 개방적으로 강조할 수 있었다고 생각합니다.

예수님께서는 우리를 위하여 가시 면류관을 쓰셨으나 The Kingdom of God을 위해 헌신한 우리에게는

자랑의 면류관 (데살로니가전서 2:19)
의의 면류관 (디모데후서 4:8)
생명의 면류관 (야고보서 1:12)
영광의 면류관 (베드로전서 5:4)

을 꼭 쓰게 되기를 원하십니다! 할렐루야!

고린도전서 9:25을 보면, "이기기를 다투는 자마다 모든 일에 절제하나니 저희는 썩을 면류관을 얻고자 하되 우리는 썩지 아니할 것을 얻고자 하노라"라고 말씀하고 있는 바와 같이, 세상 사람들 중에서도 썩을 면류관을 얻기 위해서도 모든 것을 절제하며 피나는 훈련을 하고 있는데, 썩지 아니할 면류관을 얻으려는 우리는 더욱 높은 수준의 헌신과 달음질이 필요한 것입니다(26절).

> 그리스도를 위하여 받는 능욕을 애굽의 모든 보화보다 더 큰 재물로 여겼으니 이는 상 주심을 바라봄이라. (히브리서 11:26)

> 믿음이 없이는 기쁘시게 못하나니 하나님께 나아가는 자는 반드시 그가 계신 것과 또한 그가 자기를 찾는 자들에게 상 주시는 이심을 믿어야 할지니라. (히브리서 11:6)

히브리서 11장에 나오는 모든 믿음의 조상들은 세상 사람들이 보기에는 매우 어리석은 것 같으나 그들의 선택은 가장 현명하고 영원히 복된 선택이었습니다.

반면에 성경에는 안타깝게도 위의 삶과는 다른 삶을 산 사람들이 기록되어 있습니다.

그중에 한 사람 롯을 생각해 보겠습니다.

롯은 애굽에서 살 때에 익숙해진 습관 때문인지 항상 도시를 좋아한 것 같습니다. 아브라함과 헤어질 때 거할 곳을 선택할 때도 그런 모습이 나타납니다.

이에 롯이 눈을 들어 요단 들을 바라본즉 소알까지 온 땅에 물이 넉넉하니 여호와께서 소돔과 고모라를 멸하시기 전이었는 고로 여호와의 동산 같고 애굽 땅과 같았더라. 그러므로 롯이 요단 온 들을 택하고 동으로 옮기니 그들이 서로 떠난지라. (창세기 13:10-11)

그런데 그곳은 13절에 "소돔 사람은 악하여 여호와 앞에 큰 죄인이었더라"라고 할 만큼 죄악이 가득한 곳이었는데도 롯은 그곳을 선택했습니다.

물론 롯이 소돔 사람들의 죄악을 따르지는 않았지만 그들에게 영적 영향을 주지는 못했습니다. 그러면서 그곳에서 얼을 수 있는 생활의 유익점을 버리기는 원치 않아 계속 머물러 있었습니다.

창세기 19:15-20을 보면 결국 하나님께서는 그 성을 멸할 계획을 세우시고 롯이 피하도록 천사를 보내셨습니다. 15절에서 동틀 때에 천사가 롯을 재촉하여 말하기를, "일어나 여기 있는 네 아내와 두 딸을 이끌라. 이 성의 죄악 중에 함께 멸망할까 하노라"라고 할 때, 롯은 빨리 떠나지 않고 오히려 지체하고 있었습니다.

17절에서는 천사가 롯과 그 가족들을 밖으로 이끌어 낸 후에 이르되 "도망하여 생명을 보존하라. 돌아보거나 들에 머무르거나 하지 말고 '산'으로 도망하여 멸망함을 면하라" 하고 긴급 상황을 경고했습니다.

그런데도 여전히 롯은 18-19절에서 천사에게 이렇게 말했습니다. "내 주여, 그리 마옵소서. 종이 주께 은혜를 얻었고 주께서 큰 인자를 내게 베푸사 내 생명을 구원하시오나 내가 도망하여 산까지 갈 수 없나이다. 두렵건대 재앙을 만나 죽을까 하나이다." 그런데 이렇게 애걸하며 원한 곳은 산이 아닌 여전히 작은 성이었습니다(20절).

매우 긴박한 상황에서의 롯의 태도가 참 답답하게 여겨지는데 영적인 분별력에서 우리도 이럴 때가 많지 않을까요?

또 롯뿐만 아니라 이스라엘 백성들도 조금만 어려움이 생기면 애굽에서의 삶을 그리워했습니다. 출애굽기 14:11-12를 보면 이렇게 말씀하고 있습니다.

> 그들이 또 모세에게 이르되 "애굽에 매장지가 없으므로 당신이 우리를 이끌어 내어 이 광야에서 죽게 하느뇨? 어찌하여 당신이 우리를 애굽에서 이끌어 내어 이같이 우리에게 하느뇨? 우리가 애굽에서 당신에게 고한 말이 이것이 아니뇨? 이르기를 '우리를 버려두라. 우리가 애굽 사람을 섬길 것이라' 하지 아니하더뇨? 애굽 사람을 섬기는 것이 광야에서 죽는 것보다 낫겠노라."

그들은 이와 같은 강한 불평을 하면서 애굽 생활을 그리워했습니다.

민수기 11:5을 보면 그들은 애굽에서 생활하던 그때를 그립게 추억했습니다.

우리가 애굽에 있을 때에는 값없이 생선과 외와 수박과 부추
와 파와 마늘들을 먹은 것이 생각나거늘.

민수기 14:2-4에서는 위험한 생각까지 했습니다.

이스라엘 자손이 다 모세와 아론을 원망하며 온 회중이 그들
에게 이르되 "우리가 애굽 땅에서 죽었거나 이 광야에서 죽
었더면 좋았을 것을! 어찌하여 여호와가 우리를 그 땅으로 인
도하여 칼에 망하게 하려 하는고? 우리 처자가 사로잡히리니
애굽으로 돌아가는 것이 낫지 아니하랴?" 이에 서로 말하되
"우리가 한 장관을 세우고 '애굽으로 돌아가자'" 하매.

불평과 원망도 문제지만 그보다 영적인 삶에서 가장 위험한
생각인 "애굽으로 돌아가자!"라는 주장까지 했습니다.

또 롯의 아내는 돌아보지 말라는 창세기 19:17의 경고를 어
겼습니다. 26절에 보면 "롯의 아내는 뒤를 돌아본 고로 소금 기
둥이 되었더라"라고 기록되어 있습니다.

세상을 버리고 주님을 따라가는 삶에서 결코 뒤돌아보지 않
아야 됩니다! 오직 끝까지 The Kingdom of God을 바라보며

매진해 나아가는 우리의 삶이 되어야 하겠습니다. 다음 찬송가를 기억합시다.

주님 뜻대로 살기로 했네
주님 뜻대로 살기로 했네
주님 뜻대로 살기로 했네
'뒤돌아서지 않겠네'
이 세상 사람 날 몰라줘도
이 세상 사람 날 몰라줘도
이 세상 사람 날 몰라줘도
'뒤돌아서지 않겠네'
'뒤돌아서지 않겠네'

디모데후서 4:10 상반절에 "데마는 이 세상을 사랑하여 나를 버리고 데살로니가로 갔고…"라고 기록하고 있습니다.

믿음을 저버리고 뒤돌아 가 버린 사람들이 또 있습니다.

망령되고 헛된 말을 버리라. 저희는 경건치 아니함에 점점 나아가나니 저희 말은 독한 창질의 썩어져 감과 같은데 그중에 후메내오와 빌레도가 있느니라. (디모데후서 2:16-17)

얀네와 얌브레가 모세를 대적한 것같이 저희도 진리를 대적하니 이 사람들은 그 마음이 부패한 자요 믿음에 관하여는 버리운 자들이라. (디모데후서 3:8)

구리 장색 알렉산더가 내게 해를 많이 보였으매 주께서 그 행한 대로 저에게 갚으시리니 너도 저를 주의하라. 저가 우리 말을 심히 대적하였느니라. (디모데후서 4:14-15)

믿음과 착한 양심을 가지라. 어떤 이들이 이 양심을 버렸고 그 믿음에 관하여는 파선하였느니라. 그 가운데 후메내오와 알렉산더가 있으니 내가 사단에게 내어 준 것은 저희로 징계를 받아 훼방하지 말게 하려 함이니라. (디모데전서 1:19-20)

만약 어떤 사람이 지금까지 열심히 해 오던 직업이나 심혈을 기울이던 전공 학문을 갑자기 그 가치를 '부인하고' '버린다'든지, 자기 자신의 모든 자랑스러운 지위나 인기나 명예나 부를 '포기한다'든지 한다면, 많은 사람들이 그에 대해 생각하기를 이해하기 힘들고 매우 위험한 실패와 파탄과 절망적인 상황에 빠져 있는 사람이라고 할 것입니다.

그러나 영적으로는 이렇게 부인하고 버리고 포기하는 것은 하나님 안에서 새로운 가치를 발견하고, 자신의 욕망이나 이기심을 내려놓고, 더 높고 더 크고 거룩한 가치를 실현하기 위한 결정적인 기회를 맞이하기 위해 갖추어진 올바로 준비된 자세이며 결심인 것입니다.

예수님께서 제자들을 부르셨을 때 그들은 어떻게 따랐습니까? 자기 일을 부인하고 버리고 포기하는 것이 없이는 불가능했습니다. 배와 그물을 버리고 가족을 뒤로하고 따라야 했습니다.

신앙 안에서는 세상 것과 자신을 부인하고 버리고 포기하는 것이 매우 중요합니다. 세상의 가치가 아니라 하나님이 주시는 가치를 선택했다는 것을 의미하기 때문입니다. 즉 세상 것을 버려야 하나님과 진정으로 함께할 수 있기 때문입니다.

그러나 세상 것을 절대 포기하지 못한다는 사람들이 많습니다. 다 또는 더 가지고 있어야만 행복하다고 생각할 뿐 하나님 안에서의 참행복은 상상도 하지 않고 있습니다. 그렇게 해 봐야 결국 죽을 때는 모든 것을 다 버리게 됩니다. 그렇게 되기 전에 스스로 버리고 포기할 수 있어야 합니다. 자기가 해야 할 것을 할 수 없이 버리고 포기하는 것이 아니라, 천국과 주님을 선택하기 위해 버릴 것을 버리고 포기해야 할 것을 과감하게 포기해야 한다는 것입니다.

또 성경을 보면 이런 경우도 있습니다.

한 사람이 예수님을 만났는데 그는 부자이고(마태복음 19:22, 누가복음 18:23) 관원이며(누가복음 18:18) 또 청년이었습니다(마태복음 19:20,22). 그런데 그는 어렸을 때부터 열심히 계명을 지키며 성실하게 살아온 사람이었습니다(마가복음 10:20).

마가복음 10:21-22에 다음과 같은 말씀을 볼 수 있습니다.

> 예수께서 그를 보시고 사랑하사 가라사대 "네게 오히려 한 가지 부족한 것이 있으니 가서 네 있는 것을 다 팔아 가난한 자들을 주라. 그리하면 하늘에서 보화가 네게 있으리라. 그리고 와서 나를 좇으라" 하시니, 그 사람은 재물이 많은 고로 이 말씀을 인하여 슬픈 기색을 띠고 근심하며 가니라.

그는 어렸을 때부터 계명을 열심히 지키고 착하고 성실하게 살아왔지만, 가지고 있는 부를 버리고 예수님을 좇으라는 말씀에는 따르지를 못했습니다. 지금까지 부를 누리며 형성된 상식과 경험에 의한 판단력이 자연스럽게 그를 꽉 붙들고 있었기 때문에 그의 부를 과감히 버리지를 못했던 것입니다.

그러나 바울은 자기가 가치 있게 여기고 지금까지 추구해 오던 모든 것을 매우 아깝지만 할 수 없이 내던져 버린 것이 아니었습니다. 빌립보서 3:7-9에서 자신의 확실한 태도를 이렇게 말씀하고 있습니다.

> 그러나 무엇이든지 내게 유익하던 것을 내가 그리스도를 위하여 다 해로 여길뿐더러, 또한 모든 것을 '해로 여김'은 내 주 그리스도 예수를 아는 지식이 가장 고상함을 인함이라. 내가 그를 위하여 모든 것을 잃어버리고 '배설물로 여김'은 그리스도를 얻고 그 안에서 발견되려 함이니, 내가 가진 의는 율법에서 난 것이 아니요 오직 그리스도를 믿음으로 말미암은 것이니 곧 믿음으로 하나님께로서 난 의라.

마태복음 4:18-22에 보면 예수님께서 시몬과 안드레, 야고보와 요한을 부르신 내용이 나옵니다.

> 갈릴리 해변에 다니시다가 두 형제 곧 베드로라 하는 시몬과

그 형제 안드레가 바다에 그물 던지는 것을 보시니 저희는 어부라. 말씀하시되 "나를 따라오너라. 내가 너희로 사람을 낚는 어부가 되게 하리라" 하시니 저희가 곧 '그물을 버려두고' 예수를 좇으니라. 거기서 더 가시다가 다른 두 형제 곧 세베대의 아들 야고보와 그 형제 요한이 그 부친 세베대와 한가지로 배에서 그물 깁는 것을 보시고 부르시니 저희가 곧 '배와 부친을 버려두고' 예수를 좇으니라.

이 말씀에 기록된 대로 그들은 모든 것을 즉각적으로 버려두고 예수님을 좇아간 사실을 볼 수 있습니다.

누가복음 8:40 이후에는 회당장의 딸을 살리는 기적과 열두 해 동안 혈루증으로 앓고 있는 여인을 고치시는 주님의 기적 이야기가 기록되어 있습니다.

먼저 회당장은 그 시대 사회에서 존경받는 위치였습니다. 그런 그가 예수님의 발 아래 엎드려 자기 집에 오시기를 간청한 것은 자기의 자존심과 지위와 명예를 모두 내던져 버린 것입니다. 이렇게 자신을 부인하는 믿음이 있었기에 죽어 가는 자기 딸을 살릴 수 있었습니다.

또 혈루증을 앓고 있던 여인도 마찬가지입니다. 혈루증은 율법상 부정한 질병으로 여겨져 사람들에게 배척받았기 때문에 감히 예수님께 가까이 접근할 수 없는 상황이었습니다. 그런데도 몰래 접근해서 예수님의 옷자락에 손을 댑니다. 율법을 어긴 것이지만 그녀는 율법보다 혈루증 치유에 대한 확신이 앞섰던 것입니다. 그래서 예수님께서도 48절에서 "딸아, 네 믿음이 너를 구원하였으니 평안히 가라"라고 말씀하셨습니다(참고. 마태복음 9:22). 그녀 역시 하나님께 대한 굳은 믿음으로 당시 세상이 따르는 상식과 관습을 부인하고 버렸던 것입니다.

주님을 선택하기 위해 부인하고 버리고 포기해야 할 것이 무엇입니까? 나를 붙들고 있는 것을 부인하고 버리고 포기하는 사람만이 하나님께 대한 굳은 믿음을 가질 수 있습니다.

그래서 우리도 예수님께서 무리와 제자들을 불러 이르시되 "아무든지 나를 따라오려거든 자기를 부인하고 자기 십자가를 지고 나를 좇을 것이니라"(마가복음 8:34)라고 하신 말씀을 감사하는 믿음으로 순종할 수 있게 된 것입니다.

그렇게 산 삶의 결과는 어떻게 될까요?

마태복음 19:28-29을 보면 주님께서 직접 다음과 같이 약속해 주셨습니다.

예수께서 가라사대 "내가 진실로 너희에게 이르노니 세상이 새롭게 되어 인자가 자기 영광의 보좌에 앉을 때에 나를 좇는 너희도 열두 보좌에 앉아 이스라엘 열두 지파를 심판하리라. 또 내 이름을 위하여 집이나 형제나 자매나 부모나 자식이나 전토를 버린 자마다 여러 배를 받고 또 영생을 상속하리라."

천국에서 엄청나게 큰 축복들을 얻는 가장 보배로운 삶을 누리기 위해 이를 방해하는 이 땅에서의 가치들을 무시하고 버리고 부인하고 또 포기할 수 있는 믿음이 날마다 더욱더 성장해 나가는 우리가 되어야 하겠습니다.

다음의 말씀 구절이 도움이 되기를 바랍니다.

운동장에서 달음질하는 자들이 다 달아날지라도 오직 상 얻는 자는 하나인 줄을 너희가 알지 못하느냐? 너희도 얻도록 이와 같이 달음질하라. (고린도전서 9:24)

푯대를 향하여 그리스도 예수 안에서 하나님이 위에서 부르

신 부름의 상을 위하여 좇아가노라. (빌립보서 3:14)

그러므로 내 사랑하는 형제들아, 견고하며 흔들리지 말며 항상 주의 일에 더욱 힘쓰는 자들이 되라. 이는 너희 수고가 주 안에서 헛되지 않은 줄을 앎이니라. (고린도전서 15:58)

네 짐을 여호와께 맡겨 버리라. 너를 붙드시고 의인의 요동함을 영영히 허락지 아니하시리로다. (시편 55:22)

그러므로 너희가 그리스도와 함께 다시 살리심을 받았으면 위엣 것을 찾으라. 거기는 그리스도께서 하나님 우편에 앉아 계시느니라. 위엣 것을 생각하고 땅엣 것을 생각지 말라. 이는 너희가 죽었고 너희 생명이 그리스도와 함께 하나님 안에 감추었음이니라. 우리 생명이신 그리스도께서 나타나실 그때에 너희도 그와 함께 영광 중에 나타나리라. (골로새서 3:1-4)

이 말씀대로 흔들림 없이 견고한 믿음으로 하늘나라에서 받을 보배로운 상급을 바라보며 끝까지 달려가는 삶이 되시길 바랍니다.

저자의 다른 저서

소책자

* 전도를 즐기는 삶
  (영문판: A Life That Enjoys Evangelism)
* 열 심
  (영문판: Zeal)
* 말씀 중심의 삶
* 서로 돌아보아 …
* 기도의 특권을 누리자
* 배우는 자로 살자
  (영문판: Live as a Learner)
* 청년의 시기를 어떻게 보낼 것인가
  (영문판: How to Live Out Our Youth)
* 하나님의 말씀은 …
* 그리스도인의 삶의 올바른 동기
* 감격하며 살아야 할 그리스도인
* CARE(서로 보살피는 부부)

* 참 특이한 기도(PPP: Pretty Peculiar Prayers)
* 상급으로 주신 자녀
* 가정의 중요성
  (영문판: Importance of Home & Family)
* 날마다 제 십자가를 지고
  (영문판: Taking Up the Cross Daily)
* 주님의 부르심을 따라가는 삶
* 견고하게 평생 지속해야 할 일

단행본

* 이 시대의 가치 있는 삶
* 영적 재생산의 삶
* 하나님의 능력을 경험하는 삶
* 거룩하고 아름다운 동행
* 주님께서 주신 축복들
  (영문판: Counting the Lord's Abundant Blessings)
* 우리의 마음은 무엇에 지배되어야 하는가
* 그리스도 제자의 다섯 가지 기본 신념
* 응답받는 기도
* 영적 지도자의 자질 'FIDELIS'

가장 보배로운 삶을 목표로 한 영적 성장

초판 1쇄 발행 : 2025년 9월 25일

펴낸곳 : 네비게이토 출판사 ©
주소 : 03784 서울시 서대문구 연희로 16 (창천동)
전화 : 334-3305(대표), 334-3037(주문), FAX : 334-3119
홈페이지 : https://navpress.co.kr
출판등록 : 제10-111호(1973년 3월 12일)
ISBN 978-89-375-0676-5 03230